Matilde, la bolillera

Moon Pamos

Colección: Oficios de antaño n º 8

Moon Pamos

Primera edición: junio 2024
Colección: Oficios de antaño nº 8
https://moonpamoscuentos.blogspot.com
ISBN: 9798328166744

Matilde vivía sola en una linda casita de un apacible pueblo.

No salía de casa porque no tenía amigos y pasaba su tiempo mirando aburrida a través de la ventana.
Así es como transcurrían sus días.

Una mañana se levantó con el firme propósito de cambiar su vida; no quería seguir en soledad y sumida en una enorme tristeza, así que decidió subir al desván de su casa a ver que podía encontrar que la ayudara a cambiar su destino.

La estancia estaba sucia y polvorienta, ya que hacía muchos años que nadie había estado allí.

Encontró tantos trastos que pensó que no hallaría nada útil; sin embargo, sí encontró una visitante especial: la araña tejedora.

No podía creerlo.
¡Una araña tejedora!

—Nunca vi una tan grande, exclamó, fascinada por el hallazgo.

Entonces recordó que a ella, en su juventud, también le gustaba hacer todo tipo de labores y le trajo gratos recuerdos.

Rescató su viejo cojín de bolillos y pensó que con él estaría entretenida y se encontraría mejor.

Y después de limpiarlo, comenzó a tejer, contenta de ver que no había olvidado la técnica de los bolillos.

Una tarde escuchó a su vecina que estaba sentada en su puerta haciendo puntas y se dijo a sí misma:

—¡Ya está bien de estar sola en casa! Cogió una silla y su cojín de hacer puntillas, y fue a la calle en busca de compartir el atardecer con su vecina.

Pasó un tiempo agradable, charlando y viendo mucha gente pasar. De nuevo, era feliz.

Atrajeron la curiosidad de muchos niños y niñas que no habían visto a nadie realizar encajes de forma artesanal.

Matilde encontró entonces lo que quería hacer: enseñar a los más pequeños sería un reto y una distracción para ella, y montó en su casa un taller.

Así encontró su camino de vida, aportando una tradición a los más pequeños para que nunca se pierda la sabiduría ancestral.
Ya no estaría nunca más sola.
Preparaba dulces para merendar mientras hacían puntillas; escuchaban música y cantaban canciones de cuando Matilde era niña.
De nuevo tenía una familia.

Fin

Vocabulario

- **Encaje:** técnica que se considera artesana que teje hilos enrollados en bolillos.

- **Cojín de bolillos:** también llamado "mundillo". Donde se clavan los alfileres y se entrelazan los hilos para formar el encaje.

- **Bolillos:** bobinas donde se enrollan los hilos para tejer, habitualmente de madera.

- **Alfiler:** clavo metálico y muy fino, empleado para sujetar la tela o hilos.

Encaje

Cojín de bolillos

Bolillos

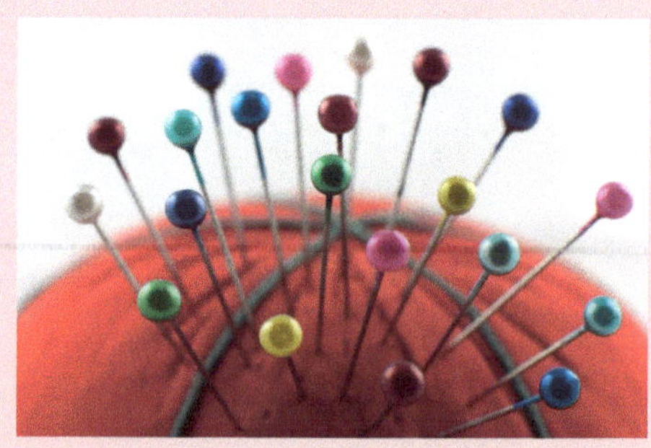

Alfileres

Colecciones de cuentos

Oficios de antaño

El sueño de los animales

Cuentos

Aventura en la Mina Grott
MOON PAMOS

LAURA Y LÍA
se van de campamento
MOON
PAMOS

SAWABONA
Moon Pamos

Teodora, la bruja lectora
Moon Pamos

La flor de baobab
MOON PAMOS

El ratón librero de Urueña
Moon Pamos
Cuando abres la primera página de un libro en Urueña,
el reloj de tu conocimiento se pone en marcha

Una Navidad de cuentos y fantasia II

Colección: De visita por el mundo N°1
Moon Pamos
Himalaya
salado

LAMPO,
EL PERRITO QUE VIAJABA EN TREN
Colección:
Historias reales N°1
Moon Pamos
CROSSING
CROSSING

Moon Pamos
El día que
los tractores
tomaron las calles

Libros

MOON PAMOS
CANTANDO SUEÑOS
12 CANCIONES PARA DORMIR. UNA PARA CADA VIVENCIA

En el tercer sueño
de la vida
Moon Pamos
Canciones para conseguir
descansar en la Tercera edad

MOON PAMOS
HAIKUS
DE
PINPILINPAUXA
La esencia de la mariposa hecha poema

MOON PAMOS
Haikus
de folelé
Cuando las libélulas
revolotean entre las letras

MOON PAMOS
LOS CHINITOS
DE LA SUERTE
Rememorando tiempos pasados

¿Qué nos regala
la caléndula?
Moon Pamos
Colección: Beneficios de las plantas 1

¿Qué nos regala
el madroño?
MOON PAMOS
COLECCIÓN: BENEFICIOS DE LAS PLANTAS Nº 2

Colección: Beneficios de las plantas 3
Moon Pamos
¿Qué nos regala
el anís estrellado?

Moon Pamos
FENÓMENOS DE
CIRCO
Merecida muestra de respeto para unos artistas
que fueron denostados y burlados.
COMPENDIO
DE BIOGRAFÍAS
CORAZONES POR DESCUBRIR

¿Quien habita en
mi costurero?
Moon Pamos
Una guía de consulta para
conocer todo lo que necesitas
en tus labores.

Una profesión olvidada
que tenía las llaves
de la vigilancia nocturna
Manual
del
sereno
MOON PAMOS

Manual del barquillero
MOON PAMOS
Repartiendo dulzura a través del juego

Girando la rueca sin cesar llega la magia
Manual de la hilandera
MOON PAMOS

Apapachando Arte

Libros y cuadernos para colorear infantil, adolescentes y adultos

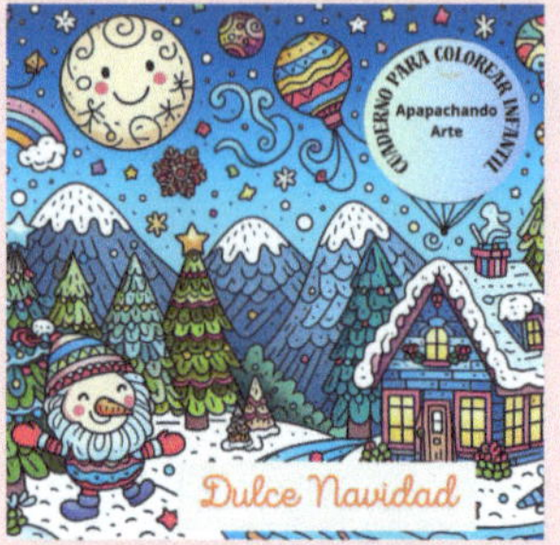

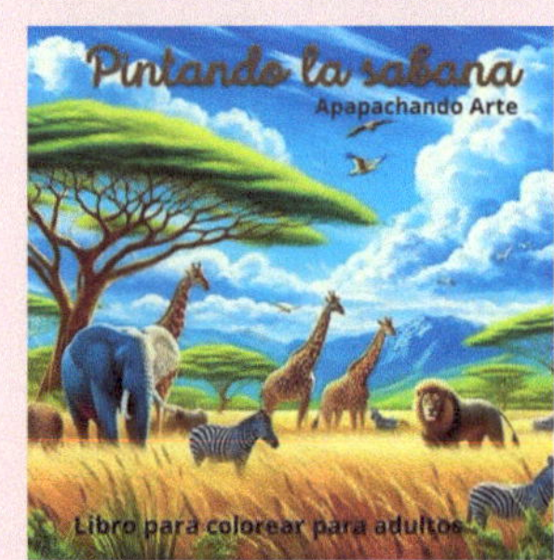

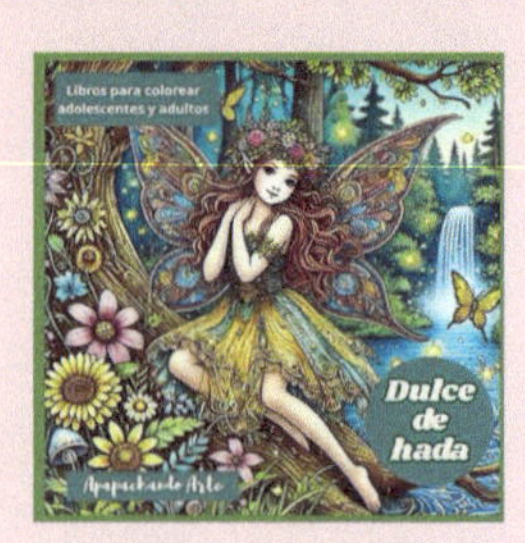

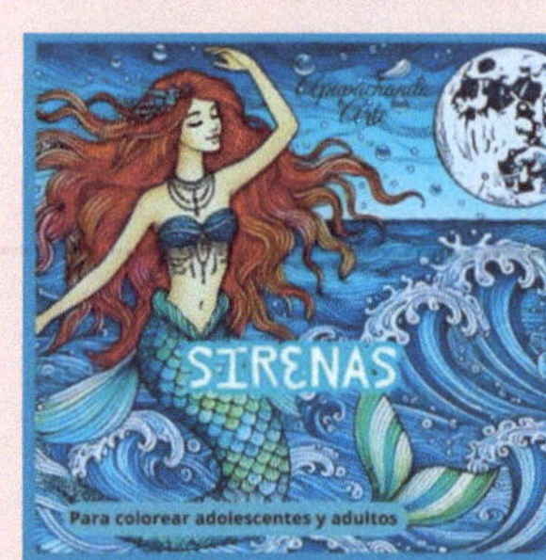

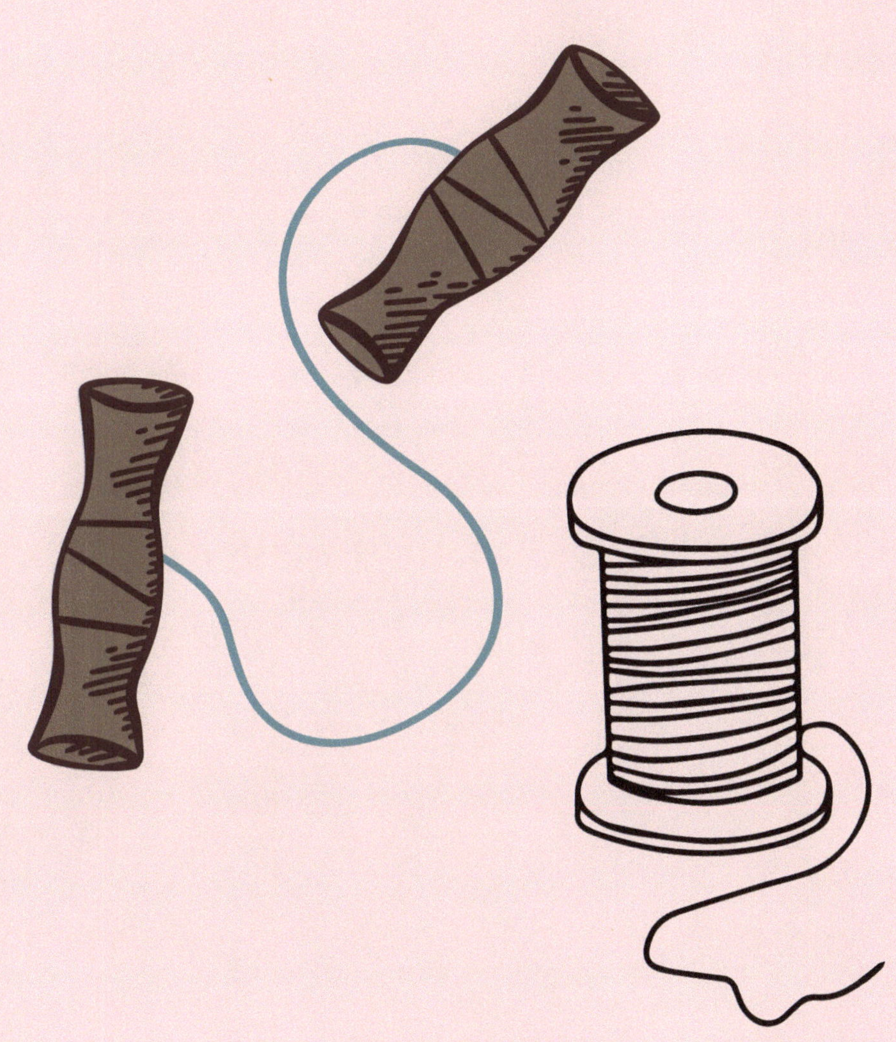

Contacto

Blog:
https://moonpamoscuentos.blogspot.com

Email: moonpamos@gmail.com

Web:
https://moonpamos.com
(para solicitud de ejemplares dedicados)

Amazon:
https://www.amazon.com/author/moonpamos/

Instagram:
http://instagram.com/moonpamoscuentos